Género Obra de teatro

Pregunta esencial

¿Qué se puede descubrir cuando se mira algo una segunda vez?

Una aventura en el Amazonas

Sonia Sánchez López
ilustrado por Aaron Melendez

Acto 1
Un viaje fuera de lo común 2

Acto 2
Vi algo dentro del río 8

Acto 3
Los animales son mis amigos 14

Respuesta a la lectura 18

LECTURA COMPLEMENTARIA **La cesta de regalo** 19

Enfoque: Elementos literarios 22

Acto 1
Un viaje fuera de lo común

Personajes

ANDREA

JOSÉ *(padre de Andrea)*

NORA *(madre de Andrea)*

NARRADOR

Escena 1

Escenario *La sala de la casa de Andrea. Sus padres, José y Nora, están sentados. Cada uno lee un libro.*

NARRADOR: Andrea llega de la escuela y está muy alegre porque tiene muy buenas noticas que contarles. Busca a sus padres; ellos están leyendo.

ANDREA: Hola (*le da un beso a cada uno*), ¿cómo están?

JOSÉ: Muy bien, hija. ¿Qué pasó en la escuela? Tienes una gran sonrisa.

NORA: Sí, ¿cuéntanos qué te pasó? Deben ser muy buenas noticias.

ANDREA: Pues no se imaginan lo que sucedió hoy.

(Andrea guardó unos segundos de silencio para añadir misterio al asunto).

ANDREA: En la escuela hicieron un informe del desempeño de cada uno de los estudiantes. ¿Y adivinen qué? ¡Fui una de las mejores! Mis calificaciones son excelentes, no tuve ninguna complicación, cumplí con mis obligaciones, hice todos mis deberes escolares con empeño y dedicación… Y obtuve excelentes resultados (*hablando rápidamente*).

(Los padres de Andrea la abrazan, pues están muy alegres y orgullosos de su hija).

JOSÉ: Respira, hija, de un momento a otro vi pasar tus mejillas del rosado al violeta.

NORA: (*Sacando un documento del libro*) ¿Ves, Andreita? Con empeño, dedicación y voluntad se logran los objetivos. Nosotros sabíamos que obtendrías esos resultados, por eso, ¡nos vamos de viaje! (*Le muestra a Andrea unos boletos de avión*).

(Andrea sonríe y quiere que su mamá le dé toda la información inmediatamente).

ANDREA: (*Dando saltos como un conejo*) ¿Adónde iremos? ¿Adónde iremos? ¿Adónde iremos?

NORA: (*Con calidez maternal*) ¡Deja de saltar! Como sabemos que te fascinan los animales y que te gustan tanto los delfines rosados, vamos a...

(La madre no alcanza a terminar de hablar, pues Andrea la interrumpe con un gran grito).

ANDREA: ¡Al Amazonas!

NORA: Fuera del amor que sientes por el delfín rosado, ¿por qué te interesa tanto ese lugar?

ANDREA: (*Hablando rápidamente*) Porque hay historias sorprendentes, los árboles son inmensos, hay una planta llamada Victoria regia, hay ranas de muchos colores que saltan por todas partes, el color de las flores es maravilloso, los monos saltan entre los árboles y, ¡hay pirañas!

(Los papás sonríen, pues Andrea vuelve a hablar rapidísimo como si alguien le hubiera dado cuerda).

JOSÉ: (*Con seriedad*) Primero hay que atender las normas de seguridad. Debemos ponernos las vacunas requeridas y empacar la ropa adecuada. Había oído decir que es importante llevar bloqueador solar, repelente de insectos, ropa cómoda y botas de caucho. Estoy seguro de que será una experiencia increíble, ¡un viaje muy emocionante!

ANDREA: ¡Yupi! Tenemos un experto explorador selvático en la casa.

NARRADOR: Toda la familia se reúne frente a la computadora para investigar sobre el lugar que visitarán. Hay miles de fotografías en internet, todas muy vistosas y coloridas.

NORA: (*Leyendo en la pantalla*) Em… tenemos que atender las indicaciones de seguridad e ir acompañados de un guía, así no tendremos ningún problema y saldremos victoriosos de nuestra travesía por la ribera del Amazonas.

ANDREA: (*Sonriendo y gritando*) ¡Hurra! Nos adentraremos en la selva y seremos los mejores exploradores del Amazonas.

Escena 2

Escenario *Nora y Andrea están en el cuarto de la niña empacando las maletas para el viaje.*

NARRADOR: Pasan veinte días, pero a Andrea le parece que han pasado veinte años porque está muy emocionada por el viaje y por conocer aquella región.

ANDREA: (*Doblando un pantalón*) Mamita, toda mi vida había soñado con hacer este viaje. ¡Había imaginado infinidad de veces cómo sería ver a un delfín rosado moviendo su pequeña trompita y sus aletas! Caray, ¿te lo imaginas en vivo y en directo, ya no en fotografías o en imágenes en la computadora?

NORA: (*Empacando ropa en la maleta*) Yo he fantaseado con los saltos de los monos entre los árboles, ¿te acuerdas del mono araña que vimos en internet? ¿Cómo sería tener una cola así y poder saltar de rama en rama?

(Andrea empieza a saltar como un mono y a rascarse la cabeza).

ANDREA: ¿Una cola, mamá?

NORA: (*Con una sonrisa*) Pero tu papá no se queda atrás, habla dormido: "Ahora, observen a su izquierda, ¡miren esa araña!, ¡miren ese pájaro!, ¡fíjense en los árboles!, ¡ay, Andrea, cuidado que casi pisas esa arañita!".

(Ambas ríen a carcajadas mientras terminan su labor).

Detective del lenguaje

El verbo subrayado está en pretérito pluscuamperfecto. Busca otro verbo en pluscuamperfecto en esta página.

Escena 3

Escenario *Andrea está acostada en su cama intentando dormir. Da vueltas y vueltas en la cama. Falta un día para salir de viaje.*

NARRADOR: Andrea y sus padres tienen todo listo para su aventura. Al día siguiente, a primera hora, viajarán a conocer el Amazonas. Andrea no puede dormir por la emoción.

ANDREA: Es muy tarde y quiero dormir, pero no tengo sueño. ¿Habré empacado la linterna?

(Andrea se levanta de un salto y verifica si en su maleta está la linterna que le dio su mamá tres días atrás).

ANDREA: Ahora sí, ¡a dormir! (*Se acuesta, pero da más vueltas*) Mañana en la noche veré luciérnagas, oiré cómo croan las ranas y los sapos, y cómo zumban los insectos. ¡Mañana! Mañana veré el Amazonas y veré un bonito y tierno delfín rosado nadando cerca de mí.

(Después de dar unas vueltas más en la cama, Andrea por fin se queda dormida).

Acto 2 Vi algo dentro del río

Personajes

ANDREA

JOSÉ *(padre de Andrea)*

NORA *(madre de Andrea)*

RECEPCIONISTA DEL HOTEL

GUÍA DE LA REGIÓN

TURISTAS

Escena 1

Escenario *Andrea, José y Nora están en un hotel del Amazonas.*

ANDREA: (*Muy entusiasmada*) ¿Qué haremos hoy?, ¿vamos en bote?, ¿veremos delfines?, ¿los monos vendrán a visitarnos al hotel?, ¿y las pirañas?, ¿y las ranas?, ¿y los tucanes?

JOSÉ: (*En tono pausado*) ¡Andrea, toma un poco de aire! Sé que esta es una gran experiencia, pero cada día trae su afán.

NORA: Necesitamos hacer un itinerario, pero primero nos ponemos repelente o seremos el banquete de los mosquitos.

Escena 2

Escenario *Andrea y sus padres se encuentran en la recepción del hotel y, por sus gestos, se puede decir que hace mucho calor y hay demasiada humedad en el aire.*

JOSÉ: Buenas tardes, queremos saber quién nos puede ayudar con la guía turística.

RECEPCIONISTA: Muy buenas tardes y bienvenidos nuevamente, (*le entrega una cartilla a José*) acá encontrarán la información de todas las actividades. Es importante que siempre estén acompañados de un guía, no entren a la selva sin compañía y no olviden llevar un sombrero para protegerse del sol. Esta tarde habrá una visita a la isla de los monos y todavía hay sitios libres.

ANDREA: (*Con gran alboroto*) ¡Papá, mamá! ¡Vamos! No quiero quedarme en el hotel, quiero visitar todo lo que podamos. Vamos a ver monos y loros y delfines y aves y arañas y Victorias regia y...

JOSÉ: (*Interrumpiendo a Andrea*) No ensillemos los caballos antes de traerlos, hija. Ya nos dijeron que veremos monos y no que veremos todos esos animales. Ojalá podamos verlos, aunque sé que se ocultan con facilidad.

RECEPCIONISTA: En efecto, los animales se ocultan cuando hay mucho ruido porque son muy sensibles. Así que si quieres ver todos los animales que nombraste, no debes armar tanto alboroto, pues acabarás asustándolos (*termina con una sonrisa*).

Escena 3

Escenario *Nora, Andrea y José van en una lancha, hay más turistas en ella, y todos tienen puestos los chalecos salvavidas.*

ANDREA: ¡Uf! ¡Cuánto viento!, ¡cuánto calor!, ¡cuánta emoción! Mamá, mira muy bien la colita de los monos… Así podrás imaginar con más exactitud cómo te verías con cola y cómo la utilizarías (*imitando a los monos y guiñando un ojo a Nora*).

(Nora ríe y por la expresión de José es evidente que no entiende de qué se ríen).

GUÍA: Buenas tardes, señores y señoras, niños y niñas, nos dirigimos a la isla de los monos. Les pido por favor que no arrojen basura, no sumerjan las manos en el agua y muestren mucho respeto por la naturaleza. Cuando vean un animal, por más emocionante que sea, guarden silencio para no molestarlo. ¡Diviértanse con las maravillas que les ofrece la naturaleza!

(Andrea, sus padres y los demás turistas están maravillados con los paisajes que observan. Algunos toman fotografías, otros señalan y comentan. Todos siguen las indicaciones del guía).

GUÍA: (*Hablando en voz baja*) Hemos llegado a la isla de los monos. Para verlos es necesario estar en silencio, no les vayan a dar comida, tómenles fotografías, pero sin flash. ¡Disfruten de su estadía!

(Los turistas bajan de la embarcación y miran maravillados).

ANDREA: (*Susurrando*) Mira, mamá, un mono, mira cómo usa su colita para sostenerse. Ay, pensé que se iba a caer, pero, ¿viste qué ágil es?

(José toma fotografías mientras un mono se sube con delicadeza al hombro de Andrea y ella se divierte con el atrevido monito. Su papá está a punto de tomar la foto cuando otro mono se sube en el hombro de Nora; ahora la fotografía ha quedado espectacular).

NARRADOR: Andrea y sus padres pasan todo el día con los monos y quedan sorprendidos, creían que los monos eran tímidos… pero son muy confiados.

(Andrea, sus padres y los turistas están de nuevo en la lancha, y el sol empieza a teñir el cielo de colores).

ANDREA: ¿Vieron cómo se me subió al hombro? Los monos son geniales, son animales muy inquietos y divertidos.

(De regreso al hotel, Andrea observa con inquietud el agua. Algo salta).

ANDREA: Mamá, ¿viste eso?

NORA: (*Observando su alrededor*) ¿Qué? ¿Los maravillosos y espléndidos colores que tiñen el cielo antes de que se oculte el sol?

ANDREA: (*Sonriendo*) No, mamá, el agua. Mira.

Nora observa detenidamente.

NORA: El agua parece un espejo que multiplica la belleza de estos paisajes naturales y se pierde en el infinito...

ANDREA: (*Interrumpiendo a su madre*) No, mamá, ¡mira! ¡Otra vez! Parecen ligeros picos que salen del agua. (*Con tono de angustia*) Papá, hay algo extraño en el agua: ¡un monstruo enorme que volcará la lancha! (*sollozando*), nos hundiremos y nos comerán las pirañas. (*Con tono insistente*) Esto es peligroso, hay muchos animales.

JOSÉ: (*Con tono tranquilizador*) Andrea, no pasará nada porque antes de venir nos informamos muy bien y no hay seres monstruosos, lo sabes bien. Leímos el último informe de la ONU. No interpretes los movimientos del agua ni imagines cosas.

(José le da un gran abrazo a Andrea y trata de tranquilizarla).

Detective del lenguaje	**Busca un ejemplo de siglas en esta página.**

Acto 3
Los animales son mis amigos

Personajes

ANDREA

JOSÉ *(padre de Andrea)*

NORA *(madre de Andrea)*

NATIVOS DE LA REGIÓN

GUÍA TURÍSTICO

Escena 1

Escenario *Es de noche y Andrea y sus padres están en la habitación del hotel.*

NARRADOR: Desde que regresaron al hotel, Andrea no ha parado de hablar ni de imaginar que había un monstruo en el agua que quería comérselos.

ANDREA: ¡Era un monstruo! Yo lo había leído antes de venir. (*Con los ojos bien abiertos*) Era una enorme serpiente marina que nos quería comer a todos al mismo tiempo, incluso a la lancha. No la vi, pero puedo imaginar su grandísima boca con hileras e hileras de afilados dientes. Ay, ¿por qué vine a morir acá?

NORA: Hijita, no exageres, deja de dramatizar, (*abrazando a Andrea*) ya sabes que no hay de qué preocuparse en este momento y me extraña que, siendo tú la más entusiasta, ahora resultes temiéndoles a las figuras del agua.

Escena 2

Escenario *Es de mañana y Andrea y sus padres están nuevamente en la lancha.*

GUÍA: Buenos días, señores, señoras, niños y niñas, hoy vamos a ver uno de los animales más peligrosos de la región: las pirañas. La recomendación más importante de hoy es no meter las manos en el agua, pues recuerden que la piraña es un animal carnívoro y no perderá la oportunidad de comer lo que encuentre.

ANDREA: (*Sollozando*) Mamá, no vayamos, por favor, ¡nos encontraremos con el mismo monstruo de ayer! Debe ser una piraña gigantesca, que se alimenta de turistas gorditos. Ay, ¡pobre de mí!

GUÍA: ¿Monstruo? ¿Turistas gorditos? ¿Piraña gigantesca? Niña, pero, ¿de qué estás hablando? En la selva amazónica no hay monstruos. (*Con tono inquisitivo*) ¿Imaginas acaso que algo saldrá del río y nos comerá a todos?

(Andrea afirma con la cabeza y con expresión de horror, sujeta fuertemente a su madre).

GUÍA: ¿Cómo te llamas, niña?

ANDREA: Andrea.

GUÍA: Andrea, presta mucha atención, pues no todo lo que brilla es oro.

(Todos están en silencio).

GUÍA: Posiblemente viste pequeñas montañas en el agua (*Andrea asintió*) que tenían un color particular: rosado (*Andrea asintió y abrió los ojos*) y escuchaste ruidos chillones. ¿Adivina, adivinador: es rosado y vive en el Amazonas?

ANDREA: (*Con gran sorpresa*) ¡Vi un delfín rosado y no me di cuenta! ¡No lo puedo creer! ¡Un delfín rosado! Ay, ¡no puedo creer lo torpe que he sido!

(Los otros niños que se empezaban a preocupar por los gritos de Andrea, comenzaron a reírse con muchas ganas).

GUÍA: Los turistas esperan ver delfines rosados pero ellos se ocultan con facilidad, no les gusta el bullicio de las personas. Fuiste muy afortunada al poder ver uno. Como su hábitat está amenazado, es necesario cuidarlos, no hacer ruido ni contaminar el agua.

ANDREA: Pero, ¿cómo es posible que después de tanto investigar haya confundido a mis tiernos delfincitos con unos monstruos, además, marinos? ¡Tremenda cabeza de chorlito tengo encima de mis hombros!

GUÍA: (*Sigue con su explicación*) Los delfines rosados no ven muy bien dentro del agua turbia, así que se ubican por medio de sonidos, esto se llama ecolocalización. Además, tienen más flexibilidad horizontal que los delfines marinos, para esquivar las raíces y los troncos de los árboles.

(En ese momento, se empieza a oír un ruido muy particular. Todos prestan atención y, de repente, un delfín rosado aparece al lado de la embarcación. Andrea y sus padres están muy felices de poder verlo y, además, tan cerca de ellos).

NARRADOR: Y esta fue la historia de cómo Andrea conoció un delfín rosado y aprendió a no dejarse llevar por suposiciones.

Resumir

Usa los detalles más importantes de *Una aventura en el Amazonas* para resumir qué descubre Andrea en el agua. Puedes usar el organizador gráfico como ayuda.

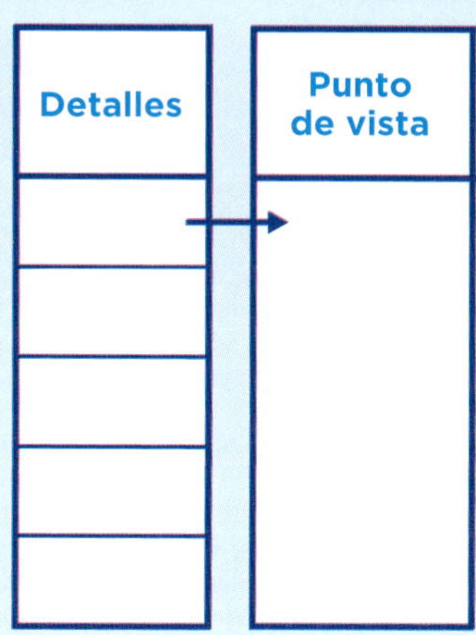

Evidencia en el texto

1. Haz una lista de características que indiquen por qué *Una aventura en el Amazonas* es una obra de teatro. **GÉNERO**

2. En el acto 1, escena 1, ¿cuál es el punto de vista de Andrea con respecto al viaje que realizará? ¿Cómo actúa y qué dice para expresar su punto de vista? **PUNTO DE VISTA**

3. En la página 8, ¿qué significa el proverbio "cada día trae su afán"? **ADAGIOS Y PROVERBIOS**

4. Escribe sobre el punto de vista de Nora en el acto 3, escena 3. ¿En qué se diferencia del punto de vista de Andrea? **ESCRIBIR SOBRE LA LECTURA**

Género Ficción realista

Compara los textos

Lee sobre un descubrimiento que se produjo cuando un personaje miró algo por segunda vez.

La cesta de regalo

—¿Alguien tiene el periódico de hoy? —se quejó Riku—. No puedo encontrarlo.

Papá se echó a reír al ver el cabello revuelto del niño.

—Parece como si te hubieras levantado por el lado equivocado de la cama —bromeó papá.

—Solo estoy cansado por la prueba de atletismo de ayer. Quiero ver si los resultados están en el periódico —respondió bostezando y frotándose los ojos.

Mizuki sonrió porque su hermano mayor era el nuevo campeón estatal y estaba esperando que su nombre apareciera en el periódico. Ella también lo esperaba.

—Te lo traeré —se ofreció Mizuki.

Abrió la puerta del apartamento. Fue a buscar el periódico, pero se detuvo sorprendida cuando encontró la más hermosa cesta de regalo en el pasillo, sonrió mientras la entraba.

Illustration: Sole Otero

Pensando que se debía a su cumpleaños, al día siguiente, puso la cesta en el suelo con suavidad y buscó una tarjeta, pero no había nada. Perpleja, se devolvió y revisó el pasillo, pero tampoco encontró ninguna tarjeta de regalo a la vista.

Cuando regresó, Riku estaba admirando la cesta y, bien despierto ahora, sonrió mientras le decía que debía ser para felicitarlo por su gran victoria.

—No lo creo —respondió Mizuki—. ¿Has olvidado qué día es mañana? —le preguntó con las manos en la cadera y el ceño fruncido.

—Por supuesto que no lo he olvidado —respondió Riku riendo.

Riku seguía pensando que la cesta era para él.

Mizuki tomó aire profundamente, se obligó a sonreír y le dijo a Riku que, aunque él se merecía la cesta de regalo, estaba segura de que sí era para ella y lo probaría a través de un pequeño trabajo detectivesco.

Examinó el fondo de la cesta. Encontró un rótulo con el nombre y el número telefónico de la empresa de las cestas de regalo.

—Una rápida llamada telefónica resolverá este misterio —dijo—, ¿puedo llamarlos, papá?

—Claro —dijo él—, adelante Mizuki.

Riku y papá escucharon mientras Mizuki llamaba a la empresa y preguntaba quién debía recibir la cesta.

Riku la miraba de cerca mientras ella asentía y sonreía. Finalmente, le agradeció a la persona que le dio la información y colgó el teléfono.

—¿Bien? —preguntó Riku con impaciencia, tan pronto colgó.

—Te dije que no era para ti, sin embargo, tampoco es para mí —agregó tratando de parecer amable.

Recogió la cesta y sonrió mientras se dirigía a la puerta.

—Pero... —dijo Riku, sorprendido.

Mizuki se volvió hacia él.

—¡Es para la Sra. Emerý que vive al otro lado del pasillo! —dijo y luego ambos se rieron.

Haz conexiones

¿Cómo resolvió el enigma Mizuki en *La cesta de regalo*?

PREGUNTA ESENCIAL

¿Qué hacen Andrea en *Una aventura en el Amazonas* y la familia en *La cesta de regalo* para descubrir la verdad?

EL TEXTO Y OTROS TEXTOS

Enfoque: Elementos literarios

Prefiguración Los cuentos y las obras de teatro que incluyen un misterio, con frecuencia, construyen el suspenso dándole a sus lectores indicios o pistas de lo que va a ocurrir más adelante. Se llama prefiguración. Como una sombra que puede verse en el suelo cuando el sol está detrás, las pistas de un cuento se ven antes de que se revele el desenlace.

Lee y descubre En *Una aventura en el Amazonas* cuando Andrea ve objetos extraños en el agua, la autora da indicios de que no todo es lo que parece, a través de los animales que Andrea puede ver en el río Amazonas y del gusto que siente por los delfines rosados.

Tu turno

Con tus compañeros de clase, lean la obra de teatro *Una aventura en el Amazonas*. Lean los parlamentos de José con un tono serio o sutil, para hacer obvia la prefiguración.

De los personajes de la obra de teatro, ¿qué punto de vista te parece más convincente?